AF363825

Collection Jules RENOUVIER
(2ᵉ Partie)

MONNAIES

Grecques
Romaines, Gauloises, Mérovingiennes
Françaises et Étrangères

MÉDAILLES ARTISTIQUES

VENTE AUX ENCHÈRES PUBLIQUES

A PARIS, HÔTEL DES COMMISSAIRES-PRISEURS, RUE DROUOT
SALLE Nº 10 AU PREMIER ÉTAGE

Le Jeudi 1ᵉʳ Février 1912

A DEUX HEURES PRÉCISES

EXPOSITION PUBLIQUE UNE HEURE AVANT LA VACATION

Expositions particulières les 26 et 27 Janvier au bureau de l'Expert.

Commissaire-Priseur :	*Expert :*
Mᵉ André DESVOUGES	**M. J. FLORANGE**
Successeur de Mᵉ Maurice DELESTRE	17, rue de la Banque
26, rue de la Grange-Batelière	

PARIS

CONDITIONS DE LA VENTE

La vente sera faite au comptant.

Les acquéreurs payeront, en sus des adjudications, dix pour cent.

L'exposition mettant les acheteurs à même de juger l'état des pièces, aucune réclamation ne sera admise aussitôt l'adjudication prononcée.

M. J. FLORANGE se charge des commissions qui lui seront confiées aux conditions habituelles (5 o/o sur la limite).

Il se réserve le droit de diviser ou de réunir les lots.

Collection Jules RENOUVIER

MONNAIES GRECQUES

1 Etrurie. Alliance entre Populonia, Vetulonia et Camars. Buste de Vulcain à dr. R⃫. Tenailles et marteau. Triens (Br. Mus. n° 27). Br. B. *Rare.*

2 Campanie. Cales. Br. B.

3 — Cumes. Tête de nymphe à dr. R⃫. Coquille (moule) et grain d'orge. Didrachme. B.

4 — Naples. Tête de nymphe à dr. R⃫. Taureau androcéphale couronné par une Victoire. Didrachme. B.

5 — — Tête d'Apollon à dr. et lyre avec omphalos. Br. B.

6 — Phistelia. Arg. 2 var. TB.

7 Apulie. Arpi. Br. 2 p. B.

8 Calabre. Brundusium. Tête de Neptune. R⃫. Apollon sur un dauphin, tenant lyre et Victoire, etc. 2 p. B.

9 — Tarente. Taras sur dauphin et cavalier. Didrachme. TB.

10 — — Tête de Pallas à g. et chouette. Drachme. B.

11 — — 4 petites monnaies variées. Arg.

12 Lucanie. Héraclée, Métaponte, etc. Arg. et cuiv. 8 p.

13 — Posidonia. Poseidon deb. à dr. et taureau à g. Didr. TB.

14 — Thurium. Tête de Pallas (casque orné d'olivier) et taureau à dr. Didr. B. *Rare.*

15 — Velia. Tête de Pallas à g. (casque au griffon). R⃫. Lion à g. terrassant un cerf. Didr. TB.

16 Bruttium. Caulonia. Didrachmes. 2 var. TB.

17 — Caulonia, Croton, Rhegium, etc. Didr. etc. Arg. et cuiv. 10 p. B.

18 — Rhegium. Lièvre à dr. ꝶ. **REC** (rétrograde) dans le champ (Br. Mus. 7). Arg. TB.

19 Sicile. Aetnaei, Agrigente, Gela, Leontini, etc. Arg. et Br. 8 p.

20 — Leontini. Tête d'Apollon à dr. ꝶ. Tête de lion entre 4 grains d'orge. Tétradrachme. TB.

21 — Selinonte. Feuille de persil. ꝶ. Aire creuse à ailes de moulin. Didrachme attique. TB.

22 — Syracuse. Tète à dr. ꝶ. Bige à dr. Tétradrachme. B.

23 — — 5 pièces variées. Arg. et Br. B.

24 — **Rois**, Gaulos, Lipara et Melita. Arg. et cuiv. 15 p.

25 Chersonèse taurique. Panticapée. Br. 2 p. B.

26 Thrace. Chersonèse, Thasos. Tétradrachme, didrachme, etc. Arg. et cuiv. 7 p. B.

27 Thasos. Silène nu à dr., un genou à terre. ꝶ. Aire en creux — Autre var. avec un diota au revers. Arg. 3 p. TB.

28 Lysimaque, roi de Thrace. Tétradrachme fr. à Byzance. TB.

29 Illyrie. Dyrrhachium. Vache allaitant son veau. ꝶ. Plan des jardins d'Alcinoüs. Tétradr. TB.

30 — Drachmes variés de Dyrrhachium et Br. d'Apollonia. B.

31 Macédoine. Acanthus, Amphipolis, Eion. Arg. et cuiv. 6 p. B.

32 — Neapolis. Masque de face et aire en creux. Arg. TB.

33 — Thessalique, Traelium, etc. Br. 7 p.

34 — *Rois*. Alexandre I, Archelaus, etc. Arg. et cuiv. 6 p.

35 — Philippe II. Tétradrachmes. 2 p. TB.

36 — Alexandre III. Tétradrachme. TB.

37 — Philippe III, Cassander, etc. Arg. et cuiv. 8 p.

38 Thessalie, Larissa, etc. Arg. et cuiv. 7 p. B.

39 Epire (Corcyre), Acarnanie, Locris, etc. Arg. et cuiv. 11 p.

40 Phocis. Tête de taureau de face. Arg. 3 var. B.

41 Béotie. Tanagra et Thèbes. Didrachmes, etc. Arg. et cuiv. 6 p. B.

42 Attique. Athènes et Eleucis. Tetradr., etc. Arg. et cuiv. 7 p.

43 — Ile d'Egine. Didrachme, etc. Arg. et cuiv. 4 p.

44 Peloponèse. Achaïe. Arg. 2 p. B.

45 — Corinthe. Tête de Pallas à dr. dans un carré creux. ꝶ. Pégase à g. Didrachme archaïque. B.

46 — Corinthe, Sicyon, Cranium. Didrachmes, etc. 6 p. B.

47 Arcadie. Tête de femme à g. dans un carré creux. ꝶ. Jupiter assis à g., etc. Arg. 3 p. B.

48 Crète, Eubée, Melos, Parium (Mysie), etc. Arg. et cuiv. 16 p.
49 Lesbos. Deux têtes de veau affrontées et séparées par une branche.
      R⁄. Carré creux. Didrachme. B.
50 Ionie : Ephèse, Milet, Chios, Samos. Arg. et cuiv. 11 p.
51 Carie : Cos, Rhodes, etc. Arg. et cuiv. 13 p.
52 Pamphylie. Aspendus. Deux éphèbes luttant. R⁄. Frondeur à dr.
      Didrachme avec contremarque d'Athènes. TB.
53 Cilicie, Lydie, Phrygie, Phénicie, etc. Arg. et cuiv. 19 p.
54 Lydie. Sardes. Têtes de lion et de taureau affrontées. R⁄. Aire en
      creux. Arg. TB.
55 Syrie. Antioche VII et Philippe. Tétradrachmes. 2 p. TB.
56 Judée, Perse, Parthes, etc. Arg. et cuiv. 19 p.
57 Egypte. *Rois*, Alexandrie, etc. Br. et potin. 17 p.
58 Cyrénaïque. Cyrène. Arg. (Muller, 118) et cuiv. 3 p. B.
59 Zeugitanie et Numidie. Arg. et Br. 12 p. B.
60 Monnaies non classées. Cuiv. 21 p.

MONNAIES ROMAINES

République romaine [1].

61 Monnaies romano-campaniennes. Quadrans au taureau, joli sextans
      avec patine verte, once et PB. (17, 20, 21 et 42). 4 p.
62 Sesterce aux dioscures (4), once (19), as avec CA (38), etc. 6 p. B.
63 Triens, onces, semis, deniers anonymes, etc. 11 p. B.
64 Aemilia, Accolcia, Acilia, Aquillia. 7 deniers. B.
65 Caecilia et Calpurnia. 5 deniers, quinaire et semis. 7 p. B.
66 Carisia. Cassia et Cipia. 5 deniers. B.
67 Claudia (11, 15) et Cornelia (19, 32, 54). 5 p. B.
68 Crépusia, Critonia (1), Domitia (quadrans), Fabia et Fonteia.
      7 p. B.
69 Furia, Hosidia et Julia. Arg. et Br. 7 p. dont une trouée. TB.
70 Junia, Lucretia, Mallia, etc. 6 deniers et 1 as. B.
71 Marcia. 3 deniers et 1 as (20). 4 p. B.

---

1. Les numéros entre parenthèses se rapportent à Babelon.

72 Memmia (9), Minucia. Arg. et quadrans avec belle patine (6), Nonia (1) et Norbana (2). 5 p. B.

73 Petilia (2), Plaetoria, Plancia, Plautia. 5 p. TB.

74 Poblicia, Pompeia, Pomponia et Porcia. 4 deniers et 2 quin. B.

75 Postumia, Procilia, Quinctia, Roscia. 6 p. B.

76 Rubria, Rutilia, Servilia, Sulpicia. 5 p. B.

77 Terentia. Denier hybride au buste de Jupiter Terminalis (15 annot.). B. et rare.

78 Thoria, Titia, Tituria, Valeria, Volteia, 6 p. B.

Empire romain [1].

79 Jules César (22), etc. Arg. et br. 4 p.

80 Octave-Auguste. Tête laurée à g. et comète (97). Æ. FDC.

81   —   Tête à g. et bouclier (293). TB.

82   —   5 deniers, dont un de travail barbare, et 3 quinaires. B.

83 Auguste, Livie, Agrippa. MB et PB. 18 p.

84 Tibère, Claude I, etc. Arg. et br. 16 p.

85 Néron, Galba, Othon et Vitellius. Arg. et br. 7 p. B.

86 Vespasien et Titus. Arg. et br. 8 p. B.

87 Domitien, Nerva et Trajan. Arg. et br. 15 p. B.

88 Adrien. Afrique, Egypte, Le Nil, Espagne, etc. Arg. et br. 8 p. B.

89   —   Buste l. à dr. R/. La Sécurité ass. à g. (1397). GB. Patine verte. Très jolie pièce.

90 Sabine et Aelius. Arg. et br. 5 p.

91 Antonin-le-Pieux. 7 deniers et 2 bronzes. B.

92 Faustine mère. 5 deniers et 2 GB. B.

93 Marc-Aurèle. 4 deniers et 2 br. B.

94 Faustine jeune. 6 beaux deniers et GB. usé.

95 Lucius-Verus et Lucille. 5 deniers et 4 br.

96 Commode, Crispine et Albin. 7 beaux deniers et 3 br. usés.

97 Septime-Sévère et Julie Domne. 3 beaux deniers et 2 br. usés.

98 Caracalla et Plautille. 8 beaux deniers et 2 bronzes usés.

99 Géta, Elagabale, Julie Soemias, etc. 7 beaux deniers et 7 bronzes.

100 Maximin I, Pupien, etc. Bill. et br. 8 p.

---

1. Les numéros entre parenthèses se rapportent à Cohen.

101 Trajan-Dèce, Etruscille, Volusien, Gallien, Salonine. Bill. et br.
12 p. B.
102 Postume, Lelien, Victorin, etc. 29. PB. et 1 GB. B.
103 Dioclétien, Maximien-Hercule, Constance-Chlore, etc. Br. 19 p. B.
104 Maxence, Licinius, Constantin I, Fauste, etc. Br. 58 p. B.
105 Julien II, Valens, Gratien, etc. Arg. et br. 20 p. B.
106 Maxime (20), Eugène (Arg. ébréché), Honorius et Jovin (4). 4 p. B.
107 Honorius. Triens à la Victoire (47). Or. TB.
108 Valentinien III. Triens à la Victoire assise (18). Or. TB.
109 Anastase I. Triens à la Victoire march. à dr. Or. TB.
110 Arcadius, Théodose II, etc. Arg. et cuiv. Lot intéressant. 56 p.

MONNAIES CELTIBÉRIENNES ET GAULOISES [1]

111 Tarraconaise. Emporiae. 2 drachmes et 13 pièces en cuivre.
112 — Cissa, Celsa, Osca, Verones, Castulo. etc. Arg. et
bronze. 12 p.
113 Bétique. Obulco, Malaca, Carteia, Gades, etc. Br. 12 p.
114 — Hiberis. Tête à dr. R. Cavalier à g. conduisant 2 che-
vaux (Heiss. 48. 1 var.). Arg. TB.
115 Emerita (Lusitanie), Ile Minorque, etc. Br. 6 p.
116 Marseille. Oboles, drachmes et bronzes. 29 p. B. et TB.
117 Imitation de Rhodes. 2 drachmes var. (2343 var. et 2346). B.
118 Volces Tectosages. Arg. 14 p. variées. TB.
119 Longostalétes (2369, 2412 var., 2416 var., 2431). Br. 6 p.
120 Béziers et Narbonne (2432, 2449, 2488). Br. 7 p.
121 Cavaillon et Volces Arecomici (2572, 2630, 2657, 2677). Arg.
et br. 10 p.
122 Nimes (2698, 2725, 2735, etc.). Br. 12 p. B.
123 Vallée du Rhône et Allobroges. Arg. 7 p. B.
124 Voconces. Imitation des deniers romains au type des dioscures
avec **AMBILI, RICANT, VIRODV, COMA** (5728,
5733, 5934, etc.). Arg. 6 p. TB.

---

1. Les numéros entre parenthèses se rapportent à l'Atlas de La Tour.

125 Arvernes. Tête à g. R/. Cheval à g.; au-dessus fleuron; au-dessous cigogne dévorant un serpent (3755). Or. Pièce légèrement entaillée. B.

126 — Tête à dr. R/. Bige à dr., au-dessus Victoire. Imitation du quart de statère de Macédoine. TB.

127 — (3931, 3952, etc). Br. 9 p.

128 Petrocorii (4349 et 4353), Lyon et Vienne (4660 avec la tête du bélier très distincte). Arg. et br. 10 p.

129 Elusates, Bituriges-Cubi, Pictones, Sequanes, etc. Arg., br. et potin. 12 p. B.

130 Carnutes, Redones, Turones, Calètes, etc. Arg. et potin, 8 p. B.

131 Senones, Remi, etc. Arg., br. et potin. 10 p.

132 Transylvanie. Tête l. à dr. R/. Cavalier à dr. (9736). Imitation de la tétradrachme de Philippe de Macédoine. TB.

MONNAIES MÉROVINGIENNES ET FRANÇAISES

133 Triens barbare au type de Justinien. Or. TB.

134 Clovis II, roi et Eligius. Triens de Paris. Buste et croix ancrée sur un globe (Belf. 3363). Exempl. de la vente Dassy, n° 80.

135 Banassac. Buste et calice. Triens au nom d'Elafius. B.

136 Deux mérovingiennes et une bractée de St-Maurice du Valais avec une croisette entourée de + ENVGAVIGR.

137 Charlemagne. Demi-sou d'or au buste de Grimoald, prince de Benevent. TB.

138 — Denier fr. à Narbonne (Gariel 101). TB. *Très rare.*

139 — Denier et obole de Melle. B.

140 Louis le Débonnaire. Denier de Melle. Buste et instruments de monnayage (G. 73). TB. *Rare.*

141 — Obole de Melle. Croix et instruments de monnayage (G. 76). B.

142 — Denier à la légende chrétienne. 5 p. TB.

143 Charles le Chauve. Deniers à la légende chrétienne. 4 p. TB.

144 — Deniers du Mans, Melle et Saosnes. 4 p. TB.

145 Charles II, emp. Denier de Nevers. TB.

146 Charles le Gros. Denier d'Arles. TB.

Réduction au 1/3

147 Eudes. Deniers de Blois, Limoges et Toulouse. TB.

148 Charles le Simple. Deniers et oboles de Melle. 6 p. var. dont une
intéressante. TB.

149 Louis II. Denier de Bourges — Lothaire I. Denier de Pavie. TB.

150 Louis l'Aveugle. Denier et obole d'Arles. TB.

151 Louis II d'Italie et Louis IV. Deniers à la légende chrét. 3 var. TB.

152 Robert le Pieux. Denier de Laon (Hoffm. 10). AB.

153 Louis VI à IX. Deniers et oboles : Bourbon, Bourges, Laon (H.
20), etc. 19 p. B. et TB.

154 Philippe III. Gros tournois (4). Très belle pièce.

155 Philippe IV à VI. Gros tournois et divisions. 25 p. B.

156 Jean le Bon. Gros, blancs, etc. (16, 19, 31, 33, 44, 49, 57 et 63).
9 p. B.

157 Charles V et VI, Henri V et VI. Blancs, gros, etc. 17 p. B.

158 Charles VII. Écu d'or fr. à Montpellier. TB.

159 — Grand blanc au K. Bourges et Chinon (18). 2 p. B.

160 — Gros de Roi, Montpellier, Toulouse, Tours, Troyes,
etc. (21 et 22). 9 p. TB.

161 — Grand blanc à la couronnelle. Paris (31). TB. *Rare.*

162 — Grands et petits blancs, Montpellier, etc. (36, 38,
39, etc). 11 p. TB. et B.

163 — Double tournois, Montpellier. **+ KAROLVS :
FRAGORV : REX**. Dans le champ K au-dessus
de 2 fleurs de lis. R/. **+ TVRORVS : GIVIS : FA·
GIG** (54 var.). B.

164 Louis XI. Gros de Roi, Montpellier et Toulouse (12). 2 var. TB.

165 — Grands blancs variés, etc. 7 p. B.

166 Charles VIII. Douzain fr. à Tarascon. B. *Très rare.*

167 — Grands blancs au K pour le royaume, la Bretagne,
etc. 5 p. B.

168 François I. Écu d'or, Bordeaux (1). B.

169 — Testons, demi-testons, etc. 11 p. TB. et B.

170 Henri II. Teston au moulin, 1557 (57). B.

171 — Testons et 1/2 testons. 5 p. B.

172 — Testons posthumes, 1560 et 1561, Grenoble, Limoges
et Lyon. 3 p. B.

173 — Douzains. Aix, Crémieu, Dijon, etc. 8 p. B.

174 Charles IX, Henri III, Charles X, Louis XIII, XV, XVI et
Napoléon I. Arg. et cuiv. 15 p. B.

MONNAIES FÉODALES FRANÇAISES
ET ÉTRANGÈRES

175 Bretagne, Anjou, St-Martin de Tours, Chartres. 20 p. B.

176 Déols, Sancerre, Gien, Nevers, Brioude, Le Puy, Limoges, etc.
      19 p. TB.

177 Poitou, La Marche et Périgord. 22 p. TB.

178 Aquitaine, Béarn, Navarre (3331), Urgel (3525), etc. 29 p. B.

179 Roussillon. Armand-Gausfred. Denier (3538). Pièce ébréchée.
      Rare.

180   —   Gérard II. Denier et obole (3539 et 3540). 2 p. B.
      Très rares.

181   —   Jean II. Denier (3564). B. *Rare*.

182 Provence (M^{al}) et Toulouse (C^{té}). Deniers et obole (3689, 3737
      var. etc.). 8 p. TB. et B.

183 Narbonne. Matfred. Croix et monogramme (3743-Amardel, p. 15).
      TB. *Unique*.

184   —   Raimond I. Denier (3746). B. *Rare*.

185   —   Amauri II et l'archevêque Gilles-Aycelin. Denier
      (3767). B. *Très rare*.

186 Carcassonne. Denier. Monogr. et croix (3776). TB. *Très rare*. *Lxxxiii,6*

187   —   Autre denier varié (3776). TB. *Très rare*.

188   —   Roger I. Denier. Croix et crosse (3797). TB. *Rare*.

189 Béziers et Maguelonne. Deniers et oboles. 11 p. TB.

190 Montpellier. Jacques II. Gros (3848). TB. *Très rare*.

191 Anduse et Sauve, Viviers (Evêché) et Rodez. Deniers et obole.
      7 var. TB.

192 Albi et Cahors (Évêché et ville). Deniers et obole. 11 p. TB.

193 Provence. Alfonse d'Aragon, Charles et Robert d'Anjou. 13 p. B.

194   —   Jeanne, Louis et Charles III. 4 p. B.

195 Arles (archevêché). Denier à la crosse. B.

196 Avignon. Boniface VIII, Innocent VI (Carlin), Urbain V et VIII.
      10 p. B.

197 Orange. Guill. IV et Raymond IV de Baux. Deniers et carlin
      (4470, 4472, 4514). TB.

198   —   Jean II de Chalon. Denier (4558 var. dans les armes et
      la légende). B. *Rare*.

199 Valence, Vienne, Dauphins de Viennois. 1/2 gros, etc. (4820, 4836, 4859). 11 p. B.

200 Lyon, Dombes et Besançon. Deniers, oboles et cuiv. 11 p. B.

201 Bourgogne. Eudes III, Hugues IV, Robert II, Eudes IV, etc. Deniers et double (5667, 5673, 5688, 5763, 5765). 9 p. B.

202 — Jean sans Peur, Philippe le Bon et Charles le Téméraire. Blancs, etc. (5730 var., 5738, etc.). 26 p. B.

203 Auxerre, Sens, Troyes, Provins, Meaux et Reims. 11 p. B.

204 Lorraine, Metz, Toul et Verdun. Arg. et cuiv. 19 p. B.

205 Strasbourg et Colmar. 8 p. B.

206 Flandre. Maille de Lille. — Louis de Male, Philippe le Hardi, Jean sans Peur, Philippe le Bon et Charles le Téméraire. Double gros, etc. 11 p. B.

207 Hainaut, Brabant, Nymègue, etc. 11 p. B.

208 Allemagne, Cologne, Francfort, etc. Bractéates, gros, etc. 14 p. B.

209 Angleterre. Aethelred, Edouard le Confesseur, Guillaume le Conquérant, etc. 10 p. TB.

210 Espagne. Wamba, roi wisigoth. Buste à dr. R⁄. Croix sur 3 degrés (sans globule au-dessous). Triens de Séville (Heiss IX. 4 var.). Or. TB.

211 — Castille, Léon, Aragon. 17 p. B. et TB.

212 — Pierre IV d'Aragon. Gros de Sardaigne (Heiss. 141. 1). Jolie pièce.

213 — Catalogne, Valence et Majorque. 22 p. B. et TB.

214 Italie. Ancone, Bologne, Ferrare, Gênes, Lucques et Milan. 19 p. B.

215 — Pavie, Ravenne, Rimini, Rome et Savoie. 31 p. B.

216 — Sicile (Roger I et Maison d'Aragon) et Venise. Arg. et cuiv. 11 p.

217 Serbie et Suisse (Evêché de Bâle et Lausanne). 11 p. B.

218 Lot de monnaies françaises et étrangères. Billon et cuiv.

219 Angleterre (Marie Tudor, reine d'). Méd. de Jacopo da Trezzo. Son buste à g. R⁄. CECIS VISVS TIMIDIS QVIES. Femme drapée et couronnée, ass. à dr. mettant avec une torche, le feu à un amas d'armes ; derrière elle, la pluie céleste tombant sur des personnages « aveugles et timides » (Arm. I. 241. 3). Br. troué. 66 mm. TB.

220 Avalos (Ferdinando-Francesco II d'). Mᶦˢ de Pescaire, vice-roi de Sicile. Méd. d'Annibale Fontana. Son buste cuir. à dr. R⁄.

QVAMVIS·CVSTODITA·DRACONE. Hercule cueillant les pommes d'or des Hespérides (Arm. I, 253. 1). Br. 70 mm.

221 Caracalla. Méd. de Giov. Boldu (Arm. I. 4). Br. 90 mm.

222 Este (Leonello, Marquis d'). Méd. de Pisanello, 1444. Son buste à g. R⃫. Amour développant un parchemin devant un lion (Arm. I. 3. 8). Br. 96 mm.

223 Malatesta (Sigismondo Pandolfo I de). Méd. de Matteo de Pasti. Son buste à g. R⃫. **CASTELLVM·SISMONDVM·ARI-MINENSE·MCCCC·XLVI.** Le château de Rimini (Arm. I, 19. 7 et 8). Br. 84 mm.

224 Maugras (Nicolas), évêque d'Uzès. Son buste à dr. R⃫. **IN·VMBRA·MANVS·SVE·PROTEXIT·ME·DNS.** Écusson à ses armes posé sur une crosse. (Arm. II. 86. 13). Br. 80 mm. TB.

225 Nigri. **VIRGINEA·DE NIGRIS DICTA·A·P·A·Æ Ā·AN.** 47. Buste à g. (Arm. —). Br. uniface et troué. 70 mm. TB.

226 Chasse au sanglier. Médaillon hollandais. Étain ancien. 88 mm.

227 Henri II. Campagne d'Allemagne, 1552. Méd. posthume. Cuiv. TB.

228 Marie de Médicis. Méd. de G. Dupré, 1624. Son buste à dr. R⃫. La reine debout entourée de personnages mythologiques (Maz. 693). Br. 54 mm. TB.

229 Antonio Rosselli, jurisconsulte arétin (Arm. I. 47. 3). Cuiv. troué. 46 mm. AB.

230 Plaquette. Jésus portant sa croix. Br. 110 × 131 mm. TB.

231 Saint Benoît dans l'attitude de la prière. Planche gravée par Jean de Loysi. Cuiv. TB.

232 La Visitation de la Vierge. Planche gravée par Olivier. Cuiv. dans un cadre.

233 Quatre planches gravées, à sujets divers, l'une signée Callot. Cuiv. TB.

234 Huit planches gravées. Sujets religieux. Travail russe avec caractères vieux slavons. Cuiv. TB.

235 Trésor royal, 1752. Extraordinaire des guerres, 1734, etc. Cinq jetons. Arg. TB.

236 Agde et Montpellier. Trois poids octogones. B.

237 Deux poids indéterminés et anse en bronze.

238 Trois intailles à portraits, dont une au buste de Marat signé Simon. Verre coulé. TB.

239 Bulle de Barral, seigneur de Baux, XIIIe siècle (Blanchard, pl. 25, fig. 4). Plomb. B.

240 **S·B·DE LACAPELLA**. Église. Sceau matrice gothique. 24 mm. TB. — Partie de sceau brisé.

241 Payeur général de l'Hérault, Trésorerie nationale. La Liberté deb. à dr. posant la main gauche sur un cartouche aux initiales du payeur général E. P. (Poitevin). Cachet ovale. Cuiv. sans douille. 33 × 29 mm. TB.

242 Lot de monnaies et de médailles.

MACON, PROTAT FRÈRES, IMPRIMEURS